AF242320

LA SOUMISSION

RÉPONSE A MES CONTRADICTEURS

PAR

LÉONCE DUPONT

*Mon nom est un symbole d'ordre, de natio-
nalité, de gloire, et ce serait avec la plus vive
douleur que je le verrais servir à augmenter
es troubles et les déchirements de la patrie.
Pour éviter un tel malheur, je resterais plutôt en exil. Je suis prêt à tous les sacrifices
pour le bonheur de la France.*

LOUIS NAPOLÉON-BONAPARTE.

Londres, le 14 juin 1848.

(Lettre au Président de l'Assemblée
Nationale).

PARIS

E. DENTU, LIBRAIRE-ÉDITEUR

17 ET 19, GALERIE D'ORLÉANS (PALAIS-ROYAL)

—

1878

LA SOUMISSION

RÉPONSE A MES CONTRADICTEURS

PAR

LÉONCE DUPONT

PARIS

E. DENTU, LIBRAIRE-ÉDITEUR

17 ET 19, GALERIE D'ORLÉANS (PALAIS-ROYAL)

1878

RÉPONSE A MES CONTRADICTEURS

Ce n'est pas moi qui me plaindrai des controverses que la publication de ma brochure a soulevées. Un tel mouvement d'opinion prouve que, dans notre France, encore qu'il ait été fortement surmené par des expériences et des tentatives diverses, tracassé par toutes sortes de vicissitudes, de réactions et de violences, l'esprit politique est toujours vivace; lorsqu'on le pouvait croire plongé dans la plus incurable somnolence, il se réveille et se redresse sur une question de procédure démocratique.

Des susceptibilités, des convictions, des méfiances surgissent; les journaux s'animent et s'excitent les uns contre les autres; ils se mêlent au débat chacun à sa manière et dans le style qui lui est propre; d'un côté, il pleut d'honnêtes arguments; de l'autre, il y a grêle d'invectives et d'impertinences. — J'ai eu ma part de celles-ci.

En peu de jours, le terrain de la lutte s'est élargi; le nombre des adversaires s'est accru; il n'y a pas une

seule plume alerte ou aggressive qui n'ait essayé de nous
lancer sa pointe. Les impérialistes se sont crus délais-
sés; les républicains se sont crus trahis; plusieurs ont
loué notre raison et notre sagesse; d'autres ont rougi,
pour nous, de notre perfidie.

Le public s'en est mêlé; les journaux qu'il lit beaucoup l'ont détourné, un instant, du courant des crimes célèbres et des spectacles nouveaux; ils l'ont inté-
ressé à la question des *Deux Démocraties*. Pour mieux
fixer son attention, les uns lui ont montré l'écroule-
ment d'un parti; d'autres, plus modestes et plus sagaces,
ont entretenu leurs lecteurs de l'évolution logique, forcée, douloureuse peut-être, d'esprits tributaires du
suffrage universel.

Ce n'est point, en effet, une matière indifférente, pour
la pensée, que ce travail d'apaisement des partis qui
rétablit lentement, mais par des lois fatales, l'équilibre
d'une nation, qui l'arrache aux périlleux hasards des
émeutes et à la tyrannie des conspirations.

Si donc, on se place au point de vue de l'observation
pure, il y a sujet de se réjouir des querelles allumées;
mais cela ne me dispense pas de rentrer dans le débat.
Après avoir laissé tout le monde converser et com-
menter à loisir, il m'appartient de reprendre la parole
et de ramener mes contradicteurs, de quelques bords
qu'ils m'arrivent, aux véritables termes de la question
qui les a tant excités.

Mes contradicteurs sont nombreux; j'ai eu contre
moi et ceux dont je heurtais les sentiments et ceux dont
je pensais flatter les convictions. J'ai vu le moment où
j'allais me mettre à dos les deux démocraties à la fois.

La démocratie napoléonienne n'a point voulu admettre
qu'après avoir été son partisan, et l'avoir toujours fidè-

lement servie, on ait le droit de lui faire remarquer ses fautes et d'attirer l'attention sur ses disgrâces. Quant à la démocratie républicaine, elle n'a pu s'imaginer que, ennemi du 4 Septembre comme je l'ai été et comme je le suis encore, détracteur opiniâtre de la Défense nationale, de la République à outrance, de l'Essai loyal et de toutes ces combinaisons où le droit populaire a été si dédaigné, j'ai pu rendre, sur la République actuelle, un témoignage désintéressé.

Je me crois en état de donner satisfaction à tout le monde; mais il m'importe d'abord de débarrasser le débat du soupçon que des impérialistes et un certain nombre de républicains ont paru concevoir sur les motifs de ce que les uns appellent ma conversion, les autres ma défection. Je dois aux premiers, dont l'estime me sera toujours précieuse, de ne point leur laisser croire que, pour avoir proclamé le triomphe actuel et peut-être très éphémère de la démocratie républicaine, j'étais homme à retirer quelque avantage du régime nouveau. Si j'avais ce penchant à soigner mes intérêts, je n'eusse pas attendu si longtemps pour venir à la République et, surtout, je ne me fusse pas attardé à entourer de mes respects et de mon dévouement une dynastie tombée, à laquelle aucun lien de reconnaissance personnelle ne m'enchaînait.

Quant à la République, elle serait vraiment bien bonne de récompenser celui qui, avant qu'elle ne fût légalisée, s'est toujours fort mal conduit avec elle. Peut-elle, en conscience, me savoir gré de constater aujourd'hui un succès que j'ai tout fait pour empêcher et qui, selon moi, ne devait point tourner à l'avantage de la France ? — Non, la République ne me doit rien; elle ne me devra jamais rien. L'adhésion que je lui apporte n'est point pour elle ; cette adhésion m'est arrachée par les devoirs qui nous lient à la volonté nationale.

Ce serait un mauvais service à rendre à un impérialiste que de le pousser à prendre du service dans le gouvernement actuel ; il faut laisser la République aux républicains. Il y a une manière fière et digne de se soumettre à une forme de gouvernement, qui exclu^t tout concours direct et lucratif. C'est notre manière à nous de nous rallier. Nous pouvons désarmer devant un|ministère conservateur ; nous pouvons même le défendre sur le terrain parlementaire, à la tribune et dans la presse : nous ne pouvons pousser le bon vouloir jusqu'à rechercher des ministères, des sous-secrétaireries d'État, des préfectures ou tout autre fonction rétribuée.

Ceci soit dit pour ces républicains que notre approche a mis aux cent coups. En nous voyant venir, ils se sont jetés au-devant de nous avec des transports de colère. Quelle manière engageante ils ont d'accueillir les gens ! Ce n'est point dans leur bercail que les brebis égarées trouveront jamais cette hospitalité gracieuse recommandée par l'Évangile. Ce qui les intéresse, avant tout, c'est qu'on respecte leurs pâturages. — On les respectera.

Parmi ces aimables compagnons, quelques-uns ont accusé les impérialistes prêts à se soumettre au verdict populaire d'être des « courtisans de la victoire ». Outre qu'elle comporte peu de modestie, de la part de ceux qui la commettent, cette forfanterie a le défaut inexcusable de placer les impérialistes qu'elle désigne, sur le même rang que certains patriotes bien connus qui, après avoir servi tout ce qui touchait à l'Empire et en avoir reçu des salaires divers, n'ont point tardé, un seul jour, à porter leur adulation flottante à la République nouvelle. C'est précisément du journal où ces écrivains s'exercent que nous est venu le reproche de courtiser la victoire ; de leur part, ce reproche est à dédaigner.

Comme nous sommes attirés vers le régime nouveau par des raisons où le budget n'a rien à voir, nous n'avons besoin, pour y adhérer, de l'approbation, ni de la permission de personne. N'étant point de ces gens qui font de la Révolution leur carrière, nous savons trop que la République n'aura jamais assez de places pour satisfaire tous les hommes convaincus qui, dans le *XIXe Siècle*, et ailleurs, se dévouent, chaque jour, pour elle. Qu'ils se rassurent donc ; notre bon vouloir n'a rien qui les puisse chagriner ; nous offrons une soumission dépourvue d'enthousiasme, une résignation exclusive de toute flatterie, un appoint et une force qui, si on le veut, pourront tourner gratis au bien général.

Tous les républicains ne nous ont point mal reçus ; il s'en trouve de justes et de bien élevés qui ont raisonné sur nous en toute urbanité, avec une parfaite modération de langage. Parmi ces derniers, il faut citer les écrivains du *Temps*, de la *République française*, du *Journal des Débats*, du *Soir*, du *Soleil*.

Le *Soleil*, la *République*, quelques autres encore de cette nuance et de cette allure, ont profité de mes observations pour reprendre leurs critiques contre le régime impérial ; non contents des aveux de ma brochure, au lieu d'être tout à la joie des conclusions où la logique et la bonne foi m'entraînaient, ils ont renchéri sur ces aveux mêmes. Cette disgrâce, où le suffrage universel semble tenir aujourd'hui le régime auquel de si beaux plébiscites semblaient l'avoir enchaîné, ils ont voulu la faire remonter bien au-delà de la période républicaine. Ce n'était pas assez, à leur yeux, que le parti impérialiste eût contracté de mauvaises alliances, qu'il se fût laissé entraîner, dans ces huit dernières années, sous l'inspiration de passions aveugles ou d'intérêts trop personnels, loin de sa tradition et de ses origines ; les contradicteurs dont je parle ont soutenu que le discrédit où était tombé le parti de l'Empire venait de la politique même suivie pendant le règne, qu'elle venait surtout des procédés dont les hommes d'Etat de Napoléon III et Napoléon III lui-même avaient usé pour gouverner la France, et de la manière dont ils avaient engagé la guerre de 1870.

Ce n'est point là un terrain sur lequel nous pourrons nous rencontrer. Une opposition qui veut remonter plus haut que les événements eux-mêmes est une opposition qui s'égare. Elle aspire à fausser l'histoire.

Le *Soleil* a dit :

Les partis vaincus sont assez disposés, en général, à rejeter sur eurs chefs la responsabilité de leurs mécomptes. Qui sait si, avec un autre chef et une autre direction, les impérialistes auraient été plus heureux ? Nous nous permettrons d'en douter.

J'ai lu dans le *Journal des Débats :*

La lecture de quelques brochures comme celle de M. Léonce Dupont n'est-elle pas un dissolvant des plus énergiques pour un parti aux abois ? Où tomberaient donc les pierres qui se détachent d'une maison en ruines ? Où iraient les bonapartistes qui prennent congé pour tout de bon ? Ils sont démocrates, sans doute ! Nous ne nions pas qu'il n'y ait du vrai dans le titre de la brochure de M. Dupont. Oui, il y a deux démocraties, de même qu'il y a deux états du corps humain : l'état de santé et l'état de maladie. La démocratie poussée à l'extrême prend frayeur d'elle-même et tourne au despotisme. *L'Empire est une maladie passagère et une corruption de la démocratie.*

C'est la *République française*, du 1er mai, qui, parlant de la France et du régime impérial, disait :

C'est un gouvernement qui n'a jamais été le sien, car, après l'avoir prise par la force et la violence, il l'a tenue asservie par le mensonge et la ruse pendant plus de dix-huit ans.

Il n'y a point de régime déchu sur qui on n'ait tenu de ces mauvais propos. Lorsque la Restauration a succédé au premier Empire, il fallait voir comme Chateaubriand parlait de M. de Buonaparte, de sa stratégie, de son administration; comme il traitait ce que ce héros avait fait de plus utile et de plus grand ! Chateaubriand, en ses pamphlets, donnait le ton à toute la polémique de son temps. Quand elle dut céder la place à la monarchie de Juillet, la Restauration fut déclarée aussi dépourvue de mérite que gouvernement puisse l'être ; on alla jusqu'à dénigrer tout l'ancien régime et à ne vouloir chercher les causes des accidents révolutionnaires dont il avait été frappé que dans les prétendues abominations qu'il avait commises. Les mauvaises passions du peuple et des bourgeois, la vanité, l'envie, la cupidité, la sottise, tous ces mobiles étroits et bas, que M. Taine fait si vivement ressortir dans ses *Origines de la France contemporaine*, n'entraient pas en ligne de compte pour les novateurs de 1830. — Ceux-ci furent rejetés à leur tour et, le lendemain du jour où la monarchie de Juillet s'écroula, il fut convenu qu'elle tombait sous le mépris; on écrivit, sur elle, dans la *Réforme*, dans le *National*, dans les feuilles royalistes, à peu de choses près ce que le *Soleil*, le *Journal des Débats* et d'autres écrivent aujourd'hui sur l'Empire, c'est-à-dire ce qu'on jugeait nécessaire d'exprimer pour prévenir tout retour de faveur vers le régime qui venait de disparaître.

La République, elle-même, souffrit de ces injustices ;
aussi souvent qu'elle est tombée, — et elle ne fut pas
moins sujette à ces accidents que les trois monarchies
qu'elle avait périodiquement renversées — la République a entendu dire d'elle tout le mal qu'elle avait dit
des autres régimes : — elle portait dans ses flancs le
germe de tous les crimes et de toutes les ruines ; elle
n'était point viable ; c'en était fait de cette forme de
gouvernement ; on espérait bien ne jamais plus la re-
voir.

Je ne me suis donc pas troublé, outre mesure, du
parti que certains journaux modérés ont su tirer de mes
critiques sur la politique de l'Appel au peuple. S'il voulait empêcher ses adversaires de se donner de pareilles
satisfactions, un parti ne pourrait jamais reconnaître ses
torts ni faire l'aveu d'une seule faute. Ce n'est point,
d'ailleurs, l'innocente prétention que peuvent avoir
d'autres régimes de valoir mieux que l'Empire qui em-
pêchera celui-ci de se relever ; s'il se retrouve jamais
dans les conditions qui lui ont valu déjà la faveur populaire, il déjouera facilement les prévisions des astrolo-
gues qui le disent perdu sans retour.

Comment des écrivains se piquant d'une certaine
expérience politique ne savent-ils pas que tout gouvernement, qu'il ait été bon ou mauvais, est sujet à repa-
raître. Peut-on plus mal employer son temps que de
démontrer que ce qui a vécu n'est point sujet à revivre ?

Je me permets donc de trouver que, raisonnant de ma
brochure comme ils l'ont fait, les républicains tolérants
et courtois auxquels je réponds sont sortis de la question. — Je ne puis m'accorder avec eux que sur le fait
actuel.

Affligé par les feuilles républicaines, j'ai été consolé par des feuilles monarchiques telles que l'*Union*, le *Français*, la *Gazette de France*, le *Monde*. Celles-ci se sont efforcées de tirer de mon écrit des arguments favorables à une opinion qu'elles ont long-temps professée, à savoir que la République et l'Empire n'étaient point seulement deux formes de la démocratie, mais deux formes de la Révolution, aussi perverses et aussi nuisibles l'une que l'autre. — A ce propos, j'ai lu dans l'*Union* :

La lumière se fait ; la vérité des situations se dégage. Dans le camp républicain et dans le camp impérial, il y a des crédules et des naïfs pour qui l'horreur de l'Empire ou de la République est la seule cause de leur adhésion à la République ou à l'Empire. Le jour où ils comprendront que l'opposition de ces deux régimes tient uniquement à des compétitions personnelles, qu'elle ne repose sur aucune divergence de principes, et que, si l'on met hors du débat la question des appétits, cette opposition fait place au contraire à la plus parfaite similitude de doctrines, ce jour-là, les naïfs et les crédules qui suivent les drapeaux d'Empire et de République, sans parti-pris révolutionnaire, s'apercevront de leur erreur et de leurs illusions. Pour faire apparaître la Révolution dans sa détestable réalité, pour qu'elle soit répudiée par les intelligences honnêtes, égarées et séduites, il faut que ses deux visages d'Empire et de République se rapprochent, que les flétrissures de l'un ne puissent plus être acceptées comme une protestation contre les hontes de l'autre, et que hontes et flétrissures, dénonçant les vices du même sang, rendent ainsi manifeste la ressemblance des deux visages.

Ce morceau est fort bien réussi ; il est d'une plume alerte et d'un esprit courageusement rétrograde ; il dit bien ce qu'il veut dire.

Voilà donc ce que j'ai fait : j'ai fait apparaître la Révolution dans sa détestable réalité ; j'ai rendu manifeste la ressemblance parfaite qui existe entre l'Empire et la République ; j'ai appris à mes concitoyens qui n'aimaient guère celle-ci à ne pas aimer davantage celui-là. — Ce n'est pas seulement la thèse de M. Mayol de Luppé, c'est la thèse de tous les bons royalistes qui, de la meilleure foi du monde, nous enseignent qu'il n'y a de salut pour la France qu'en dehors de toute démocratie.

C'est un premier point sur lequel, quelque désir que j'en aie, il m'est difficile de leur céder. Je pourrais désirer que la démocratie ne fût point, que le suffrage universel fût resté à l'état de théorie, comme, jusqu'à présent, la communauté des biens, la paix universelle et l'organisation en Républiques fédératives de toutes les nations du globe; malheureusement, la démocratie est un fait, le suffrage universel est une force de la nature, et tout ce qui leur est contraire est passé à l'état de regret, de souvenir ou d'espérance. On a essayé de divers moyens pour anéantir le présent, pour faire revivre le passé, et l'on n'y a point réussi.

Est-ce notre faute à nous, hommes de la génération nouvelle, qui sommes arrivés en ce monde lorsque tout l'édifice monarchique s'était déjà écroulé, est-ce notre faute si, au lieu d'avoir à choisir entre deux branches dynastiques, entre des Mérovingiens, des Carlovingiens ou des Capétiens, nous n'avons eu à choisir qu'entre deux formes de la démocratie qu'on appelle l'Empire et la République ?

Que faire devant ces actualités fatales? Nous avions pris, dans la démocratie ce qui nous semblait donner le plus, de garanties à l'ordre public, à tous les principes conservateurs que l'ancienne royauté protégeait; nous avions pensé qu'en *monarchisant* la démocratie, nous pourrions établir un lien salutaire entre le passé et le présent, renouer la chaîne des temps et les saines traditions. Ce fut la tentative de Napoléon Ier ; ce fut la grande pensée dynastique de ce grand homme. Et comme l'on fut heureux de le trouver, après les crises révolutionnaires, pour rouvrir les portes des temples, pour rassurer et rapatrier l'ancienne aristocratie !

Cependant les grands parents de M. Mayol de Luppé pensèrent, non sans raison, que la société eût été mieux restaurée si l'on eut ressoudé la tête de Louis XVI qu'elle ne l'eût été par tout le bon vouloir d'un soldat couronné ; ils s'acharnèrent à démontrer que ce qui sortait de la Révolution devait être emporté par elle. Pour appuyer leur démonstration, ils aidèrent de tout leur pouvoir à la chute de l'Empire. Ils eurent le bonheur de le faire tomber ; — mais la démocratie resta.

Il fallut que Louis XVIII et Charles X comptassent avec elle ; pour avoir voulu lui résister, ce dernier fut renversé, et tout le terrain repris sur la Révolution depuis 1814 et 1815 fut perdu en trois jours. On eut la « démocratie orléaniste » qui n'agréa guère mieux aux royalistes que la démocratie napoléonienne. Cette sorte de démocratie, qui n'en était pas une, fut encore avilie par des trahisons de famille, par les aspirations hypocrites de ce libéralisme bourgeois qui fut sa prétention et sa faiblesse.

Dans cette forme hétérogène de la démocratie, les écrivains de la *Quotidienne*, devenue l'*Union*, retrouvaient aussi « la Révolution dans sa détestable réalité »; ils voyaient dans le rapprochement de ces deux visages de l'Orléanisme et de la République un mélange « de hontes et de flétrissures dénonçant les vices du même sang, rendant ainsi manifeste la ressemblance des deux visages. »

Les royalistes ne négligèrent rien pour éloigner de leur patrie le péril de cette royauté bâtarde sous laquelle se cachait tout le ferment révolutionnaire. Quand

ce résultat fut obtenu, ils se trouvèrent bien avancés !
Ce fut la République qui revint; après la République, ce
fut encore l'Empire. Tel est l'ordre de succession. —
Toujours la démocratie ! — Plus ils la combattent, plus
elle est victorieuse; dès qu'on l'a détruite sous une
forme, elle reparaît sous une autre. On l'attaque dans
les hommes, on ne peut la faire sortir des institutions.
Elle se dresse debout sur les barricades; on la ren-
verse aux Tuileries, elle se relève à l'Hôtel-de-Ville.
Elle a été si forte, si puissante, si vivace, que les royalistes, après l'avoir conviée au renversement de l'Empire, en 1870, se sont vus aux prises avec elle, à Bordeaux
et à Versailles; quoique plus nombreux dans le Par-
lement que les républicains, ils n'ont osé porter la
main ni sur le suffrage universel ni sur la démocratie
elle-même. Ils ont capitulé devant la République; — et
devant quelle République ! — Ils ont fini par lui céder
le terrain.

Comment, après avoir rendu les armes à cette forme
de la démocratie, viennent-ils reprocher à l'Empire ses
rapports avec elle? Ils trouvent les deux visages par
faitement semblables; dès lors, que n'ont-ils pour l'un
les tolérances qu'ils ont eues pour l'autre, et que ne se
résignent-ils à compter avec une force qui les acca-
ble?

Se servir de cette force contre ses adversaires, l'employer en 1848 contre la monarchie de Juillet, l'employer en 1870 contre l'Empire ; la proclamer et la
reconnaître pour renverser, la répudier pour organiser,
n'est-ce pas une étrange et dangereuse contradiction de
l'esprit? et n'est-il pas plus patriotique de s'incliner
devant la démocratie, de lui trouver sa meilleure expression, que de se servir de sa puissance destructive, sauf à

venir ensuite se répandre en colères et en lamentations sur les ruines qu'on l'a aidée à faire ?

Combien je remercie le *Français* et le *Monde* d'avoir fait remarquer qu'ils n'avaient point voulu se laisser prendre pour des impérialistes ! Ces feuilles qui, d'ailleurs, ont su donner la forme la plus agréable à leur polémique, cherchent, dans ma brochure, les traces des sentiments qui auraient dû toujours empêcher le suffrage universel de nous confondre avec elles. Le *Français* dit :

Dans cette brochure, les « *Deux Démocraties* », nous trouvons confirmées les vues que nous avons souvent exposées sur les rapports de l'empire et de la démocratie, sur les alliances naturelles des amis de Napoléon IV et des amis de M. Gambetta. Ces rapports sont à la fois de principe et de fait. En principe, M. Léonce Dupont indique bien comment, la démocratie introduite dans nos institutions par le suffrage universel, il faut nécessairement choisir entre l'Empire et la République, aucun autre régime n'étant possible. En fait, M. Léonce Dupont explique comment, sous des dissidences extérieures et malgré l'éclat d'une hostilité réciproque, les bonapartistes et les républicains n'ont pas, depuis sept ans, cessé de s'entendre contre les légitimistes et contre les orléanistes.

Dire que, depuis sept ans, bonapartistes et républicains n'ont cessé de s'entendre, c'est outrepasser la vérité. — Le *Français* peut être assuré que, le jour où ils nous traitaient de *traîtres*, de *corrompus* et de *misérables*, les chefs républicains ne s'entendaient nullement avec les bonapartistes ; mais constater le lien étroit et sérieux qui, bon gré, mal gré, les unit, c'est les classer comme ils méritent de l'être, comme ils doivent l'être par le suffrage universel.

Le *Monde*, abondant dans le même sens, dépasse la mesure ; comme il sait bien que les impérialistes n'en-

tendent point comme lui l'intérêt social, il affirme qu'ils
se *soucient peu* de l'intérêt social ; comme il ne peut
s'empêcher de voir que les principes des impérialistes
diffèrent des siens, le journal clérical déclare que les
impérialistes n'ont point de principes :

Au 16 Mai, l'alliance de l'Appel au peuple avec les partis conservateurs n'a pas été sincère. Les bonapartistes *se souciaient peu de
l'intérêt social*, mais ils s'étaient flattés que les monarchistes tire-
raient les marrons du feu, et ils se rapprochaient d'eux pour les
croquer. Cette tactique n'a pas réussi, et maintenant *ils renient
leurs alliés d'un jour*. Le 14 Octobre ayant transporté le pouvoir à
la démocratie, les bonapartistes *passent à la démocratie*. Les plus
sincères y passent ouvertement, sans ambages, comme a fait M. Dugué de la Fauconnerie. Ils ont trouvé leur chemin de Damas. Les
plus habiles expliquent leur conversion par des brochures ; ils font
de la théorie, de l'algèbre politique, et on croit leur conviction pro-
fonde, précisément parce qu'on n'y comprend rien. En attendant, le
parti se détraque, s'appauvrit, et va mendiant des adhérents dans la
démocratie, qui le répudie et qui l'outrage. Voilà ce qu'est devenu,
faute d'un principe, un parti qui a été maître de la France et qui n'a
plus même la force de supporter dignement un échec électoral.

Ainsi, le 16 Mai, nous nous sommes rapprochés des
conservateurs pour les croquer ; après la défaite, nous
les avons reniés et nous sommes passés à la démocratie.
Maintenant, nous mendions des adhérents dans la démocratie... Nous sommes perdus, faute de principe, et
nous n'avons pas le courage de supporter notre échec
électoral. — Ah ! le *Monde* est cruel ; je ne croyais pas
que ma thèse contînt de tels aveux et pût attirer au
parti impérialiste d'aussi dures leçons ; je ne croyais
pas surtout que ce ne fût point une manière digne de
supporter l'échec électoral que de reconnaître qu'on
s'était mal engagé dans la lutte.

Lorsqu'il enseigne qu'un chrétien frappé sur une joue
doit tendre l'autre joue, l'Evangile ne vise point les partis

politiques que le suffrage universel a maltraités ; c'est affaire à ceux-ci de retirer au plus vite leur visage et de s'arranger de telle sorte qu'ils ne voient plus se renouveler leur affront. Le *Monde*, lui, paraît résolu à tendre toujours, l'une après l'autre, ses deux joues aux soufflets du suffrage universel ; c'est pourquoi il ne nous plaît guère de nous retrouver dans la société de chrétiens animés d'une pareille résignation. Il est vrai que nous les renions ; c'est la conséquence forcée d'une alliance imprudente faite en vue de quelques sentiments communs, mais au mépris d'antécédents, de devoirs et d'intérêts entièrement distincts.

Si les impérialistes doivent accepter sans regrets, et même avec empressement, la rupture avec les trop bons chrétiens du *Monde* et de l'*Univers ;* s'ils peuvent ne point trop s'alarmer d'être répudiés par l'*Union*, par la *Gazette de France*, par le *Français* lui-même, et, en général, par tous les ennemis de l'une et de l'autre démocratie, il ne saurait leur convenir, lorsqu'ils viennent à la République, d'être accusés de la vouloir trahir. En lisant, dans mon écrit, que le devoir et l'intérêt du parti de l'Appel au peuple étaient d'accepter comme suffisantes les dernières manifestations du suffrage universel, quelques écrivains très avisés se sont écriés, avec des airs de fins matois :

. . . .
Je soupçonne dessous encor quelque machine.
Rien ne te sert d'être farine,
Car, quand tu serais sac, je n'approcherais pas.

Je vais cependant essayer de prouver aux adversaires

méfiants que j'ai rencontrés dans le *XIXᵉ Siècle* et autres lieux hospitaliers que nous ne sommes ni sac ni farine.

Pour mettre plus de clarté dans le débat, prenons les textes. L'accusation est formulée dans le *XIXᵉ Siècle* en termes ironiques. M. Liébert a cité le passage de la brochure où je rappelle les exemples de Napoléon Iᵉʳ et de Napoléon III, et la manière dont ces souverains se rendirent le suffrage universel favorable ; il ajoute ce commentaire malveillant :

Avez-vous bien saisi ? En vérité, je ne sais pas pourquoi certains bonapartistes enragés lancent l'anathème sur la brochure de M. Léonce Dupont. M. Léonce Dupont est dans la pure tradition napoléonienne, quand il invite le jeune rejeton de la dynastie à imiter l'exemple que son père et son grand-oncle lui ont donné. —Ouvrez les yeux, jeune homme, et désormais ne suivez plus ceux qui voudraient vous embâter de déclarations conservatrices et d'alliances réactionnaires. C'est une bêtise ! Pourquoi Napoléon Iᵉʳ a-t-il régné ? Parce qu'il a juré respect et fidélité à la République. Et comment Napoléon III s'est-il emparé de son héritage ? Grâce au même serment. Jurez, prince, jurez ! Soyez républicain, soyez démocrate plus que n'importe qui ! Vous plaît-il qu'on recherche pour vous la collection des déclarations et serments de votre auguste père ? Allons ! ferme ! jurez par ce qu'il y a de plus saint ! Point de scrupule ! Mettez le pied sur le véritable échelon du 18 Brumaire et du 2 Décembre ! Pour recueillir l'héritage de la République, prince, il n'est rien de tel qu'un bon serment bien violé !

Ainsi parle M. Léonce Dupont, et nous constaterons, pour être un chroniqueur fidèle, qu'il se forme une espèce de parti Dupont, étalant au grand jour un *écœurant* mélange de *coquinerie* et d'*ingénuité*. Cependant, — soit vanité blessée, soit pour quelque autre cause qu'on ne peut encore pénétrer, — la scission est violente et complète entre le parti Dupont, d'une part, et d'autre part, le parti Cassagnac et le parti Rouher. Cela fait trois partis dans le parti bonapartiste, si nous comptons bien.

Avant de nous engager dans la discussion sur l'article charmant que l'on vient de lire, rapportons les réponses que M. Paul de Cassagnac a trouvé bon d'y faire.

Le rédacteur en chef du *Pays* n'abonde point dans l'opinion de M. Liébert sur les divisions du parti impérialiste ; il se défend de représenter lui-même autre chose que ce que représente M. Rouher, et nous fait connaître que tout dissentiment a disparu entre le député du Gers et l'ancien ministre d'État ; mais, en ce qui touche les *coquineries* et les *ingénuités* de mon système, l'honorable M. de Cassagnac n'a pas une autre manière de voir et de me traiter que le collaborateur de M. About :

Veut-on ne servir la République que pour la tromper et la trahir ?

Alors pourquoi se rallier à elle, pourquoi se souiller par la trahison préméditée ?

Ou vous voulez servir la République ou vous voulez la combattre ?

Si vous voulez la servir, retournez votre casaque, foulez aux pieds votre passé, et changez de nom, par l'apostasie d'un nouveau baptême.

Mais si vous voulez la combattre, restez devant, visière levée, et poitrine découverte.

Et arrière tous les prétextes, toutes les raisons vaines ! à bas ce masque de démocratie, qui n'est qu'un masque d'occasion, qui n'est qu'une transition pour changer de visage !

Et soyez francs ! L'Empire tarde trop, n'est-ce pas ? Vous avez faim et soif de pouvoir, d'honneurs, de ce que donne le gouvernement qui triomphe ?

Faites donc votre conversion, mais sans phrases, sans prétextes. Allez-vous-en !

C'est dans ce même article que je suis comparé à Judas.—M. Paul de Cassagnac suppose aussi que je veux m'attabler au banquet de la République, en compagnie des hommes du 4 Septembre :

Nous le comprenons, les temps sont durs, et le rôle devient lourd pour nos épaules.

Les années passent, les mois s'écoulent, et l'Empire ne surgit pas à l'horizon.

Alors on s'en va, l'on regarde autour de soi : la République est là, assise au banquet ; elle festoie et on y mène joyeuse vie.

Dans l'opposition, l'existence est rude, le ventre est creux ; l'ambition a des besoins.

Et on s'attable, et on choque le verre avec les hommes du 4 Septembre, avec les criminels auteurs des invalidations qui frappèrent nos malheureux camarades, avec ceux qui nous insultèrent, avec ceux qui volèrent la place de l'Empire !

Je n'ai jamais aspiré à de telles débauches. — M. de Cassagnac me permettra de ne point faire entrer ces hyperboles dans ma controverse ; je veux m'en tenir à la question soulevée par le *XIXe Siècle*, relative à la sincérité de la soumission que la doctrine napoléonienne nous oblige d'observer devant les arrêts de la volonté populaire.

En m'autorisant de la conduite du premier Bonaparte, en recommandant, à notre prince impérial, la conduite de son père, je pouvais bien admettre que des républicains mal intentionnés trouvassent mes exemples mal choisis. Ils ne professent pas, comme nous, l'opinion que Napoléon Ier et Napoléon III ont été les héritiers naturels et légitimes des Républiques qu'ils ont remplacées ; ils professent l'opinion qu'ils ont trahi ces Républiques et violé, dans un intérêt purement personnel, les serments qu'ils leur avaient prêtés ;—mais des amis de la dynastie impériale sont-ils autorisés à partager cette calomnie historique ?

Un rédacteur du *XIXe Siècle* peut me dire que, s'il se conduit envers la République actuelle comme son grand-oncle et son père se sont conduits envers les Républiques de 1792 et de 1848, le Prince impérial sera traître et parjure ; le rédacteur en chef du *Pays* ne peut me soutenir qu'en conseillant au fils de Napoléon III de se conformer aux antécédents de sa famille, j'esquisse le plan d'une *coquinerie* préméditée.

Je crois, et l'histoire m'autorise à croire, que Bonaparte était un très sincère républicain. Avec Robespierre dont il était l'ami, et avec beaucoup d'autres, il fut convaincu que la France serait régénérée par la Révolution et que la République était la seule forme de gouvernement appropriée à la Révolution. Il avait, lui aussi, puisé ces illusions aux sources de la philosophie du dix-huitième siècle ; il voulait la réforme des idées, la réforme des mœurs, l'amélioration des systèmes et les droits de l'homme. Son ambition même le portait vers la République sur qui semblait reposer désormais les destinées de la nation et la fortune des citoyens : « Sous lieutenant et sans fortune, disait-il, je dus me jeter dans la Révolution. » Il n'est point douteux qu'il s'y jeta bien franchement et sans arrière-pensée. En 1793, il publia une brochure célèbre : *Le Souper de Beaucaire*, où le soulèvement royaliste des départements du Midi était sévèrement condamné ; à la lecture de cet écrit passionnément républicain, il n'eût fallu rien moins que le don de prophétie pour oser dire que déjà « Napoléon perçait sous Bonaparte ».

Ce furent les meilleurs républicains du temps, des républicains du parti de la Montagne, triés sur le volet : Albitte, Picard, Fréron, Salicetti et Robespierre jeune, qui désignèrent le capitaine Bonaparte à l'attention du gouvernement; ils le firent avancer jusqu'au grade de chef de bataillon ; ils le crurent assez dévoué à la République pour lui confier le commandement de l'artillerie au siége de Toulon, au milieu même de l'armée révolutionnaire. Il eut la confiance du Comité de salut public, au même degré et à aussi bon titre que le général

Faidherbe devait gagner un jour la confiance de M. Gambetta. Carnot le crut assez dévoué au nouvel ordre de choses pour confier, à ce général de vingt-six ans, le commandement en chef de l'armée d'Italie.

Lorsque, traversant les Alpes, au milieu des ouragans de neige, il arrêtait dans sa pensée les plans audacieux de ses premières victoires, Bonaparte voyait-il autre chose que la République? A quoi songeait-il si ce n'est à la débarrasser de ses ennemis du dedans et à repousser l'invasion qui la menaçait? Bonaparte, on peut le dire, se donna plus de mal pour consolider la République qu'il ne dut s'en donner pour la détruire; il déploya autant de génie et courut autant de dangers pour conserver à la nation ses récentes libertés qu'il ne le fit plus tard pour étendre et consolider son empire.

Vainqueur en Italie, que crée-t-il dans les pays conquis? Des Républiques. Ses rapports au Directoire, ses proclamations aux populations du Piémont et de la Lombardie, ses belles harangues militaires, ses ordres du ouraux soldats ne sont-ils pas animés du plus beau souffle républicain? Le 18 fructidor, Bonaparte n'embrassa-t-il pas le parti de la République? Aucun historien, même parmi ceux qui ont entrepris la tâche ingrate et antipatriotique d'anéantir la gloire impériale, n'a osé prétendre que le rêve du pouvoir suprême était dans la tête du vainqueur de Marengo. Lorsqu'il revint d'Egypte, il ne savait pas encore quels services la France attendait de lui, et rien ne prouve qu'en accomplissant l'acte du 18 Brumaire, il n'était pas plus pénétré du désir de conserver la République en la disciplinant que de l'ambition de prendre pour lui-même des pouvoirs si mal exercés par les autres.

Non; une situation comme celle qu'il eut n'est point le

résultat d'une manœuvre habile, d'une trahison préparée de longue main, d'une perfidie raffinée et persévérante ; elle naît des circonstances, de la volonté de tout un peuple, du génie d'un conquérant; elle s'impose à un homme ; elle laisse sa conscience et sa bonne foi intactes.

Tel a été le cas du premier Bonaparte.

Ce fut aussi le cas de son successeur. Celui-ci ne fut pas animé, envers la République de 1848, des mauvaises intentions que lui ont prêtées tous les républicains de notre temps. Sans doute, le prince Louis-Napoléon eût bien voulu renverser Louis-Philippe. Il fit, dans ce but, au péril de sa vie, des tentatives aussi imprudentes qu'infructueuses ; il mérita d'être incarcéré au fort de Ham, et ne sortit de cette captivité que pour aller vivre en exil ; mais, envers la République, ce prince pouvait-il avoir les mauvais desseins dont il fut animé contre une monarchie qui n'avait rien de légitime et qui s'était fondée, en grande partie, par l'effort des impérialistes ?

Après quelques hésitations, la République de 1848 avait ouvert au fils de la reine Hortense les portes de la France ; le suffrage universel, que la République avait proclamé, lui avait donné un siége parmi les représentants de la nation ; il avait fait plus encore, il l'avait élevé à la première magistrature de l'Etat et lui avait donné une situation que les plus illustres républicains, civils et militaires, avaient en vain briguée.

Le prince Louis-Napoléon n'éprouvait, pour le régime hospitalier qui lui faisait une si large part de confiance et de si belles réparations, que de très bons sentiments. Dans les loisirs de sa captivité, n'avait-il pas tracé des plans de réforme populaire? n'avait-il pas émis tout un ensemble d'idées sociales qui se rapprochaient beaucoup du programme des réformateurs de cette époque ?

Si l'on consulte les *Idées napoléoniennes*, on y pourra voir se manifester plutôt les aspirations d'un tribun du peuple que les ambitions d'un prétendant.

Ces antécédents, la haute fonction qu'il occupait, le mouvement populaire qui, dès les premiers mois de 1848, entraînait le pays vers le régime nouveau, tout contribuait à rattacher le neveu de l'Empereur à des institutions que l'on pouvait croire convenir à la France et qui paraissaient avoir déjà rallié, autour du drapeau républicain, des hommes de toutes les monarchies. Pourquoi le prince Louis-Napoléon n'aurait-il pas eu les mêmes illusions que tant d'autres représentants du peuple que l'on voyait siéger, alors, dans le voisinage de la Montagne? Pourquoi n'aurait-il pas cru à la durée d'une République qui semblait avoir séduit les Montalembert, les Dupin, les Lamoricière et Berryer lui-même? Il lui prêta serment de la meilleure foi du monde, pensant bien que son patriotisme ne lui imposerait jamais que des devoirs conformes aux engagements qu'il avait contractés à la face du peuple.

Le prince Louis-Napoléon ne prenait pas moins au sérieux sa présidence de 1848 que, plus tard, M. Thiers ne prît au sérieux sa présidence de 1871 que, de nos jours, le maréchal de Mac-Mahon ne prend au sérieux les pouvoirs que le vote de l'Assemblée lui a conférés et que la confiance des républicains lui a maintenus.

Il faut laisser à des ennemis systématiques, à des poètes et à des pamphlétaires irrités, l'invention peu vraisemblable d'une perfidie légendaire et d'un complot ténébreux qui auraient commencé par le serment prêté au lendemain du 10 Décembre 1848 et qui, par des voies tortueuses, à travers une série non interrompue de stratagèmes mélodramatiques, se seraient continués jusqu'au parjure final du 2 Décembre 1851.

Le Prince impérial peut, sans danger pour son honneur, se conduire, en toute occasion, à l'égard de la République et à l'égard de la nation, comme se sont conduits ses prédécesseurs. Qu'il vienne, comme ils sont venus, apporter son hommage respectueux à la volonté nationale ; qu'il accepte la République, comme son grand-oncle et son père l'avaient acceptée.

Un des écrivains qui m'ont le plus violemment contredit a eu raison d'affirmer que, de nos jours, le peuple est le maître d'un serment politique ; le peuple seul reçoit le serment, seul il en peut délier celui qui le lui prête ; et il n'y a pas moins d'honneur à obéir au peuple, quand il ne veut plus rester en République, qu'à lui obéir quand il veut obstinément se mettre à ce régime.

Je n'admets donc pas qu'on me reproche d'avoir commis une maladresse ou une naïveté, ou d'avoir tendu un piége grossier au régime actuel ; je lui pourrais souhaiter, de la part de tous ses adversaires, une façon d'agir aussi nette et aussi dépourvue d'artifices.

Certaines gens lui viennent rendre hommage, s'introduisent dans les rouages du gouvernement, dans les grands commandements militaires ou ailleurs, sans que les républicains leur témoignent aucune défiance.

Ceux-ci acceptent ces concours les yeux fermés ; ils ne s'inquiètent guère de leur provenance, et ne se demandent même pas si ces recrues du régime nouveau portent la marque distinctive de la vraie démocratie. Ces nouveaux amis n'ont-ils, dans leur passé, rien qui doive les rendre suspects au suffrage universel ? Quand ils étaient les maîtres l'ont-ils pratiqué ? N'est-ce pas contre leur gré, au contraire, et en brisant leur résistance, qu'on a pu l'établir ?

Etranges fantaisies des républicains d'à présent ! —
Orléanistes, censitaires, ce parti qui, pénétrant dans la
République, a prélevé sur le Trésor une bienvenue de 60
millions, qui, avant de fusionner avec elle, a voulu fusionner avec la monarchie de droit divin ; voilà ce que
les républicains préfèrent et à quoi ils se confient !

Les impérialistes, démocrates issus de la même origine, du même principe, du même droit, soumis à la
même autorité, voilà ce qu'ils répudient !

On aura beau s'écarquiller les yeux, on ne verra jamais bien clair dans le plan de l'orléanisme ; les impérialistes, au contraire, jouent, avec la République, cartes
sur table ; ils lui disent : — Votre gouvernement est devenu légal ; la plus inopportune et la plus inexcusable
des révoltes l'a fait surgir, mais le suffrage universel l'a
consacré. Vous n'avez pas interrogé le suffrage universel
dans les formes adoptées par les Républiques suisses et
américaines pour tout changement constitutionnel; mais,
enfin, vous l'avez consulté d'une certaine manière, et
nous voulons bien admettre que les électeurs qui ont
nommé des députés républicains ont entendu maintenir
la République.

Maintenant, de deux choses l'une : Ou la République
va se conduire de telle sorte que les majorités qu'elle a
obtenues lui resteront fidèles ; dans ce cas, nous conti-
nuèrons de nous soumettre à son autorité et nous consi-
dérerons comme un devoir et comme une nécessité
de laisser le gouvernement comme il est ; — ou bien la
République ne saura point conserver les adhésions
qu'elle s'est acquises; elle glissera, comme elle a fait si
souvent, dans le radicalisme, et ne satisfera ni les intérêts conservateurs ni les intérêts populaires. Au lieu de
donner la prospérité, elle donnera la misère ; au lieu de

faire l'ordre, elle fera le désordre ; au lieu de relever le pays, elle l'abaissera davantage.

Nous vous prévenons que, si l'occasion le commande, il se trouvera des Français qui ne négligeront rien pour préserver la démocratie d'un naufrage complet. Vous aurez compromis celle que vous représentez, nous tâcherons de sauver la nôtre. C'est pour attirer à nous, le cas échéant, la confiance de la nation que, dès à présent, nous lui voulons témoigner la plus grande déférence pour ses volontés et nous soumettre au gouvernement de son choix.

Qu'importe que, d'une part, un écrivain, maître de sa pensée et de sa plume, soit accusé de préparer une trahison contre la République ; que, d'autre part, il soit accusé de passer à la République avec armes et bagages ?

Ma brochure elle-même répond à ces deux accusations, et je me demande comment, après l'avoir lue, mes adversaires ont pu les formuler. Elle répond à la première, dans le morceau suivant tiré des pages 54 et 55.

Il ne faut pas se dissimuler cependant qu'en rapprochant ses partisans et en se rapprochant lui-même d'une République révolutionnairement fondée, mais légalisée par les Assemblées de la nation, le représentant de la cause impériale est fort exposé à ce que par le fait même de sa soumission, *cette République se consolide et devienne de plus en plus agréable au pays.* Aux yeux de quelquesuns même, cette perspective paraît la plus probable ; qu'a-t-elle de plus effrayant que la perspective si allègrement entrevue d'une restauration monarchique ? *Le droit démocratique d'où ils procèdent, le suffrage universel qui fut leur berceau, seraient-ils moins observés par la consolidation du régime républicain qu'ils ne l'eussent été par le rétablissement de la dignité et des prérogatives royales ?* Ceux qui se seraient résignés à une combinaison politique qui eût pour bien longtemps compromis leur principe, *ne peuvent-ils accepter un état de choses où leur cause ne sombre qu'à demi et où leur principe surnage ?*

J'admets donc le cas où la forme de la démocratie qui, jusqu'à ce jour, a eu mes préférences, ne prévaudra plus jamais ; les républicains peuvent voir comme je suis d'avis que les impérialistes doivent se résigner, et comme, selon moi, cette résignation ne leur coûtera aucun sacrifice dont leur principe ait à souffrir.

Me voilà donc bien en règle avec mes ennemis les républicains.

Je ne me dissimule point qu'avec mes amis les impérialistes, j'aurai plus de peine à m'entendre. Ils semblent tenir à ce que je les ai abandonnés, et ils mettent un plaisir hâtif à me donner congé ; ils crient sur les toits, dans leurs journaux et dans leurs agapes de la chaussée du Maine, qu'ils ont des déserteurs parmi eux. En ce qui me touche, cependant, s'ils ne s'étaient point rapportés aux extraits un peu tronqués que les journaux ont donnés de mon opuscule, ils auraient pu se convaincre que ni mes principes ni mes sympathies, ni mes respects n'avaient subi la moindre altération. Usant de ma liberté, je blâme tout haut ce que d'autres blâment tout bas ; je fais l'aveu des fautes commises et je ne mets aucun amour-propre à convenir que, dans l'étroite limite de mon action, j'ai quelque peu aidé à les commettre.

Il y a un parti d'impérialistes qui veulent changer de tactique sans avoir l'air de se contredire, et se rapprocher sournoisement de la République en continuant à la regarder d'un œil torve. Ce parti remonte aussi haut qu'il le peut vers les origines du bonapartisme ; il n'est plus séparé de nous que par la constance toute platonique qu'il observe à l'égard du plébiscite. Au demeurant, il est d'accord avec nous sur les droits absolus du peuple souverain, à cette différence près cependant qu'il refuse à celui-ci le droit de montrer ses sympathies pour la République sous une forme que, cependant, il employa bien souvent pour témoigner de son dévouement et de ses sympathies pour l'Empire. L'écrivain qui dirige les deux journaux où se reflète cette doctrine a poussé, un jour, la démocratie plus loin que je ne la pousserai jamais ; ce n'est pas devant le penseur hardi qui, en 1871, a voulu réconcilier la Commune de Paris avec le Gouvernement de Versailles, que j'oserai me prévaloir de sentiments républicains ; ce n'est pas de lui non plus, que j'accepterais facilement le reproche d'exagérer les principes de la démocratie impériale.

D'autres impérialistes, pris, comme je le fus moi-même, dans le remous populaire du 14 Octobre, ont été rejetés, sans s'en apercevoir, aussi loin que possible des parages, où après le 4 Septembre, nous nous étions rencontrés. Ceux-ci ne veulent plus envisager l'Empire que comme une nouvelle race monarchique, comme un antidote sacré au poison révolutionnaire, comme l'expression la plus complète et la plus haute du principe d'autorité. Ils n'ont sauvé du naufrage que ces fragments détachés du système politique auquel nous voulons rester fidèles ; ils ne semblent point se douter qu'en se rattachant désespérément à ces épaves, ils se trouvent assimilés aux partisans de la monarchie traditionnelle et ne sont séparés de celle-ci que par le nom du prince et la différence du sang. S'il fallait réduire l'Empire à de telles proportions, ce n'est plus vers Chislehurst que se tourneraient nos espérances, c'est vers la résidence royale de Frohsdorff.

Sur les questions qui touchent à l'origine et à l'es-

sence de l'Empire, je ne saurais partager les idées que
M. Paul de Cassagnac a exprimées au cours de cette
polémique :

L'Empire, a dit cet écrivain, a le même point de départ que la
royauté d'Hugues Capet.

Seulement, au lieu d'être élu par les électeurs de l'assemblée de
Senlis, il est élu par le suffrage universel,

L'Empire est la suite de la royauté, avec tous les progrès, toutes
les libertés que comporte notre témps et qu'imposent nos mœurs.

Et c'est là que se trouve l'immense erreur des trois déserteurs
du parti impérialiste. Ils s'imaginent que la démocratie est la
fille de la république; c'est le contraire : la démocratie en est la
mère. Elle a eu deux enfants, une fille, la République, qui a mal
tourné et qui s'est donnée à tous, drôlesse éhontée qui fut successi-
vement la maîtresse de Marat, de Vergniaud, de Cavaignac et de
M. Thiers — et un fils, l'Empire — qui s'est mieux tenu.

Ils sont parallèles et ne descendent pas l'un de l'autre.

Voilà pourquoi l'Empire peut être démocrate, sans rien emprunter
à la République.

Nous n'avons guère à nous inquiéter de savoir ce qui
légitima l'avénement de Hugues Capet ; le respect que
nous avons témoigné à ses descendants regarde moins
l'assemblée de Senlis que les grandeurs, les belles ac-
tions, les courages chevaleresques, les services éclatants,
représentés par la longue et majestueuse chaîne de mo-
narques qui embrasse huit siècles. La légitimité de nos
rois est surtout dans la fondation matérielle et politique
de la nation française ; elle est dans cette paternité,
dans cette hérédité, dans cette possession d'Etat que
représente la vieille monarchie.

Que l'Empire puisse recueillir cette succession, il
n'y a vraiment rien qui s'y oppose, sinon qu'elle n'est
point vacante. Henri V, et non le Prince impérial, a
droit à l'héritage de Hugues Capet. Ce qui sera moins
contesté à l'Empire que l'héritage des Capétiens, ce
seront les progrès, les libertés et cette part de con-

quêtes qui a marqué la victoire de la démocratie sur l'ancienne royauté; mais l'Empire peut-il à la fois hériter de la Révolution qui a détruit la monarchie et de la monarchie elle-même?

Aucun de nous ne s'imagine que la *démocratie est fille de la République*; nous savons tous, au contraire, que la République est fille de la démocratie. Sur ce point, nous avons les mêmes informations généalogiques que notre contradicteur : les abus du régime féodal et les excès de l'autorité monarchique, le philosophisme aidant, ont engendré la démocratie ; la démocratie a engendré la République et l'Empire.

Puisqu'ils sont enfants de la même mère, la République et l'Empire ne se peuvent tenir de plus près. Sans doute la République a souvent mal tourné; elle s'est souvent prostituée et n'a pas su garder son rang ; elle a conservé, plus que l'Empire, les signes de son origine roturière. L'Empire a tout de suite pris des façons plus distinguées ; sans renier ni sa mère ni sa sœur, il a su se donner un vernis aristocratique qui souvent a pu faire illusion et qui n'a pas peu contribué à attirer vers le frère une classe de gens que les dévergondages de la sœur mettaient en fuite. Il n'est pas moins vrai que la parenté est flagrante, indéniable; que, pour s'être conduits différemment, et pour avoir eu d'autres fréquentations, l'Empire et la République ont des sympathies communes et des ennemis communs. Il y aura des heures décisives où, pour ne point laisser détruire ce qu'ils ont d'indivis dans l'héritage maternel, ils devront s'unir et faire tête à des périls qui ne les intéresseront pas moins l'un que l'autre.

Du reste, que le véhément polémiste auquel je réponds ne se fasse point illusion; les vrais royalistes ne

prennent nullement le change sur les sentiments aristo-
cratiques qui distinguent quelques-uns d'entre nous:
autant ces derniers montrent de dédain pour tout ce qui
touche à la République, autant les premiers en montrent
pour tout ce qui touche à l'Empire; ils ne veulent point
de l'assimilation que l'on cherche à établir entre la
vieille monarchie et l'empire nouveau; M. Mayol de
Luppé, que j'ai cité plus haut, M. Janicot, M. Poujoula
nous disent tous les jours en propres termes : Vous êtes
la Révolution et vous ne serez jamais que la Révolution.

Soyons ce que nous sommes. Si elle a ses inconvé-
nients, notre origine a aussi ses prestiges et ses avanta-
ges; elle ouvre à nos efforts patriotiques des espaces
considérables; nous ne sommes pas, comme les royalistes, enfermés dans un dogme immuable qui nous
prive, durant de longues périodes, de toute action diri-
geante. Grâce à la conception nouvelle du droit populaire, notre pensée, notre parole, notre plume peuvent
se mouvoir, sans interruption, dans une sphère plus
large. Sous quelque forme que la démocratie soit atta-
quée, sous quelque forme qu'elle triomphe, ses partisans ont qualité pour intervenir. Si leur politique n'est ni
intolérante, ni exclusive; s'ils savent ne jamais se laisser
déposséder d'une parcelle de leur terrain, ils seront toujours en activité ; toujours il faudra compter avec eux;
leur place sera marquée dans le fonctionnement de tout
gouvernement d'essence populaire. La politique que les
impérialistes ont pratiquée, jusqu'à ce jour, les mène
droit à l'émigration; la politique que nous voudrions faire
prévaloir les maintient en plein champ de bataille ; elle
seule peut les tirer du rang des vaincus parmi lesquels,
aujourd'hui, nous souffrons d'être confondus.

Je ne suis point légitimiste pratiquant. Serais-je républicain ? Jamais prétention n'eut été plus téméraire. La vérité est que j'ai admis des principes de gouvernement qui pouvaient m'obliger à me soumettre, un jour, à la République. Voilà précisément ce qui m'arrive. Au demeurant, j'ai dit ce que j'étais dans les lignes suivantes. Je demande la permission de les remettre sous les yeux de ceux qni me répudient ou qui me louent sans m'avoir lu jusqu'au bout :

Ce ne serait pas une entreprise dépourvue de patriotisme ni d'opportunité que de jeter tout à coup dans le plateau de la balance parlementaire où se trouve le cabinet, tout le poids des forces plébiscitaires ; ce serait tirer la République à soi, la délivrer du radicalisme, l'enlever pour toujours à l'orléanisme et préserver l'avenir de la présidence imminente de l'ancien dictateur de Tours et de Bordeaux.

Nous nous tromperions fort si une pareille évolution du parti de l'Appel au peuple ne servait pas mieux ce qu'il est convenu d'appeler les intérêts conservateurs, que ne l'ont fait toutes les alliances où notre malheureux parti s'est laissé entraîner jusqu'à ce jour. *Il n'est point douteux non plus que, s'il voulait marquer son enlrée dans la vie politique par un pareil hommage rendu aux majorités électorales de 1876 et de 1877, le Prince Impérial pourrait dégager la France d'un grand péril ; il se rapprocherait réellement, cette fois, du courant national ; il se brouillerait irrévocablement avec les partis dynastiques, dont il n'a rien à attendre, mais il réconcilierait sa cause avec le suffrage universel, dont il a tout à espérer.*

Si ces considérations et ces critiques arrivent jusqu'à lui, qu'il considère qu'elles sont inspirées *par un grand respect pour sa personne* et par un grand désir d'éviter les dangereuses illusions qui, jusqu'à présent, ont fait trop souvent jouer au parti de l'Empire un rôle indigne de son passé et de sa mission dans l'avenir.

N'y a-t-il pas lieu de s'étonner que celui qui a écrit ces lignes puisse avoir été traité de renégat ? Renégat de quoi ? De l'impérialisme ? en s'affiliant aux ennemis de toute démocratie, il s'en était éloigné, en se ralliant au suffrage universel, il s'en rapproche. Qu'importe que cette logique rigoureuse le mène à se soumettre à la République ? Se soumettre ; ce n'est pas aimer ; se résigner, ce n'est pas admirer ; ce n'est pas servir ; c'est obéir. J'ai beau mettre mon esprit à la torture, je ne connais d'autre moyen de réclamer, un jour, des républicains, l'obéissance à l'Empire que de pratiquer, à notre tour et aussi longtemps que l'intérêt du pays le voudra, l'obéissance à la République.

Puisqu'ils éprouvent une si grande répugnance pour les républicains, avec qui, désormais, les impérialistes veulent-ils faire campagne ? — Seuls, ils ne sont qu'une fraction de la minorité. Ah ! je comprends qu'ils ne soient pas encore revenus de la légitime colère que leur a inspiré le 4 Septembre ; je comprends qu'ils aient sur le cœur les stratagèmes grossiers inventés pour les compromettre et les ruiner à jamais. Je comprends leurs ressentiments contre les injures et les violences qu'ils ont subies.

Avaient-ils donc tant à se louer des monarchistes avec lesquels ils ont pactisé ? Les monarchistes ont voté, avec ensemble, la déchéance de l'Empire ; par haine de l'Empire, les monarchistes ont amnistié le 4 Septembre ; par haine de l'Empire, les monarchistes, ne pouvant relever aucun de leurs trônes, ont jeté le pays dans la République, se réservant loyalement le droit de renverser eux-mêmes le gouvernement qu'ils imposaient à la France.—Eh bien, non ! lorsque nous avons accepté l'amitié des promoteurs du vote de déchéance, du pacte de Bordeaux et du Septennat, nous n'avons pas le droit de nous montrer difficiles avec les républicains. Nous pouvons avoir l'assurance que nous ne serons jamais trahis par ces derniers comme nous l'eussions été par les autres.

La belle affaire vraiment que de frayer avec cette République là! On la connaît; on l'a vue s'élever pierre par pierre. On sait bien avec quelles minutieuses précautions elle a été construite; ce n'est point une si méchante République que M. le duc de Broglie, M. de Fourtou et M. Brunet ne l'aient pu servir comme ministres. M. le duc de Magenta la sert comme président!... Je pense que, si le 16 Mai eût réussi, la République serait restée ce qu'elle est, et les impérialistes se fussent empressés de se mettre à ses pieds; ils y étaient déjà. La seule différence est donc dans le personnel gouvernemental; c'est-à-dire qu'après s'être approché des ministres du 16 mai, on se recule avec horreur de M. Dufaure, de M. de Marcère, de M. Bardoux et de M. de Freycinet. J'avoue que je ne ne vois pas très distinctement ce que ces derniers conservateurs ont de pire que les autres, et en quoi la même République que nous eussions trouvée acceptable avec les premiers, nous la trouvons abominable avec les seconds.

En définitive, que comptons-nous faire? Nous croiser les bras en maugréant, ou déblatérer contre les invalidations de parti-pris, contre l'appareil plus théatral que redoutable de la commission d'enquête, contre l'Exposition universelle et contre le temps qu'il fait sous cette affreuse République? Ce n'est vraiment pas une bien bonne politique à suivre. Je sais que le *Pays*, l'*Ordre* et même le *Petit Caporal* réclameront le plébiscite sur tous les tons; il y a là de quoi remplir une partie de l'existence; mais après? Ce c'est pas avec cette légitime, mais inutile revendication, que les impérialistes feront grand tort à la République. Ils ne la pourraient arrêter qu'en mettant l'Empire à sa place ; ont-ils un moyen d'opérer cette substitution?

Contre la République, nous n'avons ni majorité, ni coup d'Etat ; nous ne pourrions avoir que les fautes de la République elle-même ; et cette ressource nous échappe, car les fautes, jusqu'à présent, c'est nous qui les avons commises.

Si le programme de l'Empire n'est point dans notre résignation, où est-il? S'il n'est point dans la conduite qu'ont tenue envers la République les deux premiers Bonaparte, où le faut-il chercher? On veut que nous refusions notre hommage à la volonté populaire sous le prétexte qu'elle n'a pas eu, en 1876 et en 1877, l'ensemble, l'expression directe et spontanée qu'elle avait obtenu dans les plébiscites de 1852 et de 1870 ; cependant, ce que nous avons devant nous, qu'est-ce donc, si ce n'est la volonté populaire?

Sur cette question des plébiscites, il faut bien se garder de certaines subtilités ; il n'y a pas lieu de s'enquérir si cette manière de constituer, de consolider ou de réformer un pouvoir a servi dans les temps anciens, chez les Grecs et chez les Romains, et si elle a quelque ressemblance avec le Champ de Mai où nos pères délibéraient sur les affaires publiques.

Le plébiscite, de nos jours, ne vaut que parce qu'il est une manifestation du suffrage universel. Toute manifestation du suffrage universel doit nous être sacrée. De ce que les circonstances favorisent l'une à l'exclusion de l'autre, il ne s'ensuit pas que l'une soit seule valable et l'autre méprisable, que l'une soit sincère et l'autre menteuse. Si, lorsque le plébiscite donne l'Empire, les républicains nient la valeur constituante du plébiscite ; si, lorsque l'élection d'une assemblée donne la République, les impérialistes nient la valeur constituante de cette élection, que restera-t-il du suffrage universel? Attaqué tour à tour dans ses deux manifestations essentielles, condamné sous toutes ses formes par ceux-là même qui proclament le plus haut sa souveraineté, le suffrage universel perdra tout crédit ; il sera réduit, en peu de temps, à ne point constituer un droit plus efficace ni plus sûr que le droit qui dérive de la force.

Faut-il, à nos contradicteurs, un témoignage nouveau de la satisfaction qu'éprouve la plus grande partie de la population à jouir enfin d'une forme de gouvernement qui lui paraît définitive? Qu'ils considèrent la joie si éclatante qui a marqué, le 1er mai dernier, l'ouverture de l'Exposition universelle? Je veux bien que les feuilles républicaines aient un peu forcé le sens des réjouissances publiques ; j'admets aussi que le désir de voir l'Exposition universelle réaliser toutes les belles espérances que l'industrie et le commerce parisiens ont fondées sur elle ait joué un très grand rôle dans l'éclat de cette manifestation ; il n'en est pas moins vrai que, si les habitants de Paris et de la province ne jugeaient point la République capable de leur rendre tout le bien-être, toute la sécurité, toute la grandeur dont la France a pu se prévaloir sous d'autrés régimes, on eût vu certainement moins d'illuminations et moins d'oriflammes. Cette fête, malgré ses exagérations, ses fictions et ses réclames, a eu vraiment un entrain; une spontanéité, un ensemble qui nous reporte aux temps les plus heureux de notre prospérité nationale. Ne serait-il pas téméraire de vouloir réagir contre de pareils entraînements ! Dans l'hypothèse même où un peu d'illusion se mêlerait à ces transports patriotiques, un parti ne serait-il point mal avisé d'en vouloir nier la sincérité?

D'un côté, les scrutins de 1876 et de 1877 ; d'un autre côté, le besoin d'expansion que réveille la moindre exhibition républicaine, ne laissent planer aucun doute sur les volontés actuelles du peuple. Il a appris à aimer la République, et il croit avoir autant de raisons de l'aimer qu'il en avait d'aimer l'Empire; il croit trouver en elle la garantie qu'il trouvait dans le régime impérial, et il ne veut pas plus détruire le gouvernement qu'il a reçu des Assemblées que celui qu'il tenait des plébiscites où il était directement intervenu. On peut croire, de très bonne foi, que le peuple se trompe ; on peut redouter les catastrophes qui peuvent résulter de son erreur; mais, après avoir lutté, comme nous l'avons fait contre son engouement, nous devons céder devant sa volonté persistante et devant cette sorte de logique qui, à l'heure présente, nous brisent et nous dominent.

Des personnes sensibles et douces qui m'ont cru pris d'un de ces besoins d'apostasie qui s'emparent parfois de certaines âmes meurtries et défaillantes, m'ont crié : « Allez vous en ! » — « Allez vous en ! » est bientôt dit. Si je sais bien où je puis aller, je ne sais vraiment pas d'où je puis m'en aller. M'en aller du 24 Mai? M'en aller du 16 Mai? C'est fait. Qui donc ne s'en est pas allé de ces endroits-là ? M'en aller de l'Empire, déserter le principe de la souveraineté nationale qui peut ramener à l'Empire, mais qui, pour l'instant, nous livre à la République? Tel n'est point mon désir. On me peut exclure de la société bonapartiste; on peut me fermer les portes de toutes les demeures où l'Impérialisme a établi ses refuges; il n'appartient à personne de me congédier de ce terrain de la saine logique du vrai patriotisme, de la bonne et loyale démocratie que mon pays a embrassée et qu'il veut pratiquer sous une forme ou sous une autre. Je ne m'en irai jamais de là; j'y suis, j'y reste.

Aucune injustice ni aucune disgrâce ne m'empêcheront de persévérer dans ma croyance; rien ne me fera perdre la conviction où je suis que l'Empire sera restauré de la manière que j'indique ou ne sera point restauré du tout. Je veux bien qu'on aille à l'Empire parce qu'il connaît l'usage et la pratique de l'autorité; mais il n'est point le seul gouvernement chez qui cette spécialité se soit montrée; tandis qu'il est le seul qui ait pu réprimer la démagogie sans poursuivre, en même temps, la ruine de la démocratie. Je suis donc dans la doctrine et dans la tradition de mon parti; j'y reste parce qu'elles m'ont été enseignées et que je n'en connais point de meilleures ni de plus correctes. Bien loin de me considérer comme un transfuge ou comme un simple dissident de la foi napoléonienne, je suis plus porté à croire que les dissidents sont les impérialistes qui se prononcent contre moi et me renient.

———————

Et maintenant que j'ai bien expliqué ma pensée à tous les genres d'adversaires que ma brochure m'a suscités, je reprends l'offensive avec eux, non pour répondre aux invectives de quelques-uns par d'autres invectives de même ordre et de même importance; — ce n'est point à ces sortes d'exercices que j'ai habitué ma plume; — je veux, à mon tour, demander aux républicains qui ne sont point satisfaits de la politique dont j'ai esquissé le programme ce qu'ils attendent de nous. Dans l'opposition que nous faisons à leur gouvernement, ils nous accablent et nous veulent réprimer. Si nous nous soumettons, ils nous tiennent pour suspects et nous traitent mal. Comment veulent-ils que nous soyons ?

Tout ce que je puis dire aux républicains, c'est que, sans préférer leur genre de démocratie à la démocratie napoléonienne, je suis d'avis que nous ne devons point les troubler dans l'œuvre patriotique dont la confiance du peuple les a chargés. Sur le terrain parlementaire, les républicains modérés peuvent prétendre à un concours que nous n'accorderons jamais au radicalisme. Ils doivent aussi nous avoir pour auxiliaires des réformes économiques qu'ils auront l'idée d'introduire soit dans notre système financier, soit dans le règlement des monopoles, soit dans les moyens proposés pour la création de nouvelles voies de communication. Ce qu'ils feront en vue de l'accroissement de la richesse publique et du bien-être des masses, dût cette initiative raffermir à jamais leur gouvernement, aura droit à notre concours.

Nous devrons faire profiter notre pays du bien qu'ils accompliront ; mais nous ferons aussi profiter le parti de l'Empire des fautes que la République commettra.

Loin de nous la pensée de nous conduire envers la République comme les républicains se sont conduits envers l'Empire, et envers toutes les monarchies qui n'ont pas su se défendre de leurs complots. — Pas d'émeute ! — pas de révolution ! — pas de trahison ! — pas de 4 Septembre ! surtout pas de 4 Septembre !

Devant l'ennemi du dedans, nous serons avec le gouvernement qui aura la bonne volonté de les réprimer et contre le gouvernement qui sera tenté de pactiser avec le désordre. Devant l'ennemi du dehors, s'il apparaît de nouveau, nous nous garderons bien d'affaiblir le pouvoir ; nous lui laisserons toute sa force morale ; nous lui laisserons toute sa force matérielle en accordant autant de subsides qu'il en faudra, et nous payerons de nos personnes, comme nous l'avons toujours fait, heureux et fiers de défendre ce qu'un brave général appelait naguère « le sol de la République » — nous défendrons le sol de la République autrement que les républicains n'ont défendu le sol de l'Empire.

Comme démocrates, nous pensons à satisfaire les vœux de la nation, et à ne point violer, même en ce qu'il peut avoir de désagréable pour nous, le principe de la souveraineté populaire ; comme conservateurs, nous avons une autre préoccupation : nous entrevoyons le terme fatal de 1880 et les épreuves décisives que doit faire subir à la Constitution le renouvellement des pouvoirs publics. Beaucoup de gens se disent : « Quand arrivera cette échéance, comment nous y prendrons-nous pour fonder notre monarchie ? Serons-nous plus heureux que nous ne l'avons été dans nos tentatives précédentes ? »

Comme ils ne sont nullement soucieux d'obéir ou de plaire au suffrage universel, ceux qui s'abandonnent à ces préoccupations songent beaucoup moins à obtenir ses faveurs qu'à éluder ses volontés. Au lieu d'avoir, comme les impérialistes, pour devise : Tout par le peuple et pour le peuple, ils ont pour devise : Tout par nous et pour nous. — C'est fort bien. — Il existe une autre sorte de patriotes. Il ne faut pas être avec ceux qui attribuent follement au régime nouveau l'adhésion de sept millions de suffrages qui contribuèrent à l'établissement de l'Empire ; mais il convient de rechercher les quatre ou cinq millions d'électeurs qui, depuis huit ans, manquent à tous les scrutins. Ces électeurs sont inquiètants; qui pourrait dire quelle arrière-pensée de défiance ou de découragement a, jusqu'à ce jour, déterminé leur abstention ? Les impérialistes qui voient tout en rose s'imaginent volontiers que, si elles étaient conviées à un plébiscite, ces voix leur seraient acquises; les partisans des autres monarchies considèrent que cette masse électorale est tout simplement indifférente et s'éloigne des urnes pour se désintéresser d'une politique contraire à ses goûts et à ses intérêts.

Puisque chacun en est à caresser sa chimère, je puis aussi bien admettre que les millions d'électeurs qui manquent à l'appel ne sont pas assez sûrs de la République pour lui donner leur appui, mais qu'ils sont trop engagés avec la démocratie pour voter contre elle. En face des candidats républicains, ils n'ont trouvé, dans les scrutins de 1877 et de 1878, que des candidats monarchistes animés du secret dessein de renverser la République ou une coalition de conservateurs tous plus ennemis les uns que les autres de toutes les démocraties passées, présentes et futures. En 1878, les impérialistes eux-mêmes se sont laissés confondre avec ces réactionnaires.

Qu'en est-il résulté Que beaucoup de citoyens prudents, n'osant trop se fier aux uns, ne voulant à aucun prix des autres, ont pris le parti d'attendre, pour voter, des circonstances plus favorables et un terrain électoral mieux circonscrit.

Plusieurs d'entre nous ont pensé que, si le parti de l'Empire voulait bien n'être plus un parti menaçant pour l'ordre de choses actuel, s'il faisait savoir que, fidèle à ses origines démocratiques et à son zèle traditionnel pour les intérêts conservateurs, il était résolu à ne plus séparer sa cause de la cause d'une bonne et sage République, la masse hésitante des abstentionnistes que tant de courants sollicitent, se jetterait du côté où les principes qu'elle aime à faire prévaloir seraient représentés par la République et l'élément modérateur de ces principes par l'impérialisme.

Nous pensons que la majorité des plébiscites ne peut se retrouver que dans cet accord des deux démocraties, et que, si un pareil accord ne se fait pas, le système des abstentions allant toujours croissant, la nation, déshabituée de la pratique de son droit souverain, laissera peu à peu ce droit tomber en désuétude. Un jour viendra, où l'arme du suffrage universel, à force de dormir dans le fourreau, ne sera plus qu'une arme rouillée et rongée.

Où nous irons avec les habitudes d'abstention qui s'invétèrent en France? Il le faut demander à l'orléanisme qui poursuit, dans nos institutions républicaines, son travail de termite; il le faut demander aux royalistes qui, conduits par le clergé, attendent patiemment que les deux formes de la démocratie se soient usées l'une par l'autre pour offrir à la nation désespérée, la ressource suprême de la monarchie de droit divin.

Ces réflexions ont bien leur poids. Je n'ignore point qu'elles ne flattent guère les illusions d'un certain nombre d'impérialistes. Si elles dérangent les opinions exclusives de quelques républicains, elles méritent de fixer leur attention et ne doivent pas repoussées avec le dédain irréfléchi qui a fait accueillir si mal mes premières observations.

Je laisse à penser si j'ai dû me trouver malheureux d'être maltraité par les rédacteurs de la *Marseillaise*, de la *Lanterne* et de beaucoup d'autres feuilles républicaines et radicales. Je n'ai pas moins souffert de ne pouvoir obtenir les suffrages de messieurs les rédacteurs de l'*Ordre* et du *Petit Caporal* — ce jeune ingrat que j'ai tiré du néant. Cependant, ces blâmes cruels sont compensés par la bonne fortune que j'ai eu d'être discuté sérieusement et sans ombre d'outrage par d'autres écrivains dont les opinions et les sympathies sont aux antipodes des miennes. Je remercie ces derniers de leur courtoisie.

Ce dont je me félicite surtout, c'est de m'être rencontré, sans aucun concert préalable, avec des hommes dont la position politique est des plus recommandables. Pendant que je rassemblais mes idées dans un opuscule, M. Dugué de la Fauconnerie, député de l'Orne, résumait très heureusement des idées à pen près semblables dans une lettre au directeur de la *France ;* il préparait la brochure concise, énergique, irréfutable qui a suivi de très près la publication des *Deux démocraties.*

En même temps, apparaissait M. Raoul Duval qui m'avait déjà fait l'honneur de m'écrire pour me donner son approbation ; dans une lettre fort bien motivée et qui témoigne d'un véritable esprit politique, l'ancien député de l'Eure, reprenant des opinions déjà émises à la tribune de l'Assemblée nationale, s'est rangé entièrement et sans réserve du parti du suffrage universel ; il considère la République comme faite et ne croit pas qu'il soit possible, en ce moment, de bien servir la France et la démocratie sans se tenir à cette forme de gouvernement.

Ce n'est pas tout : au plus fort de cette élaboration et

lorsque nous étions le plus en butte aux sarcasmes du *Petit Caporal*, un des plus fins observateurs de la politique contemporaine, ancien fonctionnaire de l'Empire, non moins porté pour ce régime que les voltigeurs dont il s'est naguère enrichi, M. J.-J. Weiss, publiait, dans la *Revue de France*, une étude remarquable sur les *Illusions monarchiques*. Les conclusions de ce travail viennent corroborer notre système et nous confirmer dans la pensée que la soumission à la République est commandée à la fois par les fautes commises et par le devoir de les réparer. Rien ne paraît plus sensé et plus saisissant que le raisonnement de cet écrivain. De ce qu'il a écrit, il résulte que ceux-là même sont tenus de se rallier à la République, qu'aucun lien, aucun principe, aucun intérêt passé ou présent ne rattachent à ce gouvernement; à plus forte raison une pareille obligation doit-elle s'imposer à un parti qu'une conformité d'origine et de destinée enchaînent à cette forme de la démocratie.

Je ne cherche pas quelles nuances peuvent me séparer de M. Dugué de la Fauconnerie, de M. Raoul Duval ou de M. Weiss; je ne vois que la bonne harmonie qui existe entre leur doctriné et de la mienne ; je trouve aussi, dans ces coïncidences fortuites, des conformités de vues qui m'honorent et m'encouragent.

Il m'a été donné de recueillir beaucoup d'autres adhésions moins éclatantes, mais non moins précieuses. C'est, à coup sûr, un avantage fort appréciable, lorsqu'on sort d'un programme dont l'expérience a montré les défauts, de ne point se sentir isolé, d'avoir autour de soi des esprits sincères et éclairés dont l'exemple vous soutient, et dont les paroles vous dédommagent des résistances irréfléchies que, d'un autre côté, on vous oppose.

Des discussions qui viennent de se produire, découle, pour nous, un autre genre de satisfaction. Ceux qui n'ont point approuvé notre manière de voir se sont attachés à la combattre beaucoup moins par des arguments qui en pouvaient établir la fausseté que par les mobiles qui l'avaient inspirés. Les mobiles d'une opinion, lorsqu'ils ne se manifestent point par des actes ou par des compromis, sont du domaine de la conscience ; si c'est un droit pour chacun d'avoir la conviction qu'il lui plaît, c'est un droit aussi, je pense, de la défendre à sa manière, sans qu'on le soupçonne de servir ses intérêts, son ambition, ses besoins ou quelque chose de pire ; car, si l'on pouvait juger aussi défavorablement celui qui va d'une opinion à l'autre, rien n'empêcherait que la fixité des systèmes, l'obstination dans des procédés politiques défectueux ne fussent attribuées aussi à des causes peu avouables.

Mes amis et moi nous n'avons plus qu'un vœu à exprimer : après avoir connu les opinions de quelques impérialistes de marque et recueilli leurs critiques amères, souvent blessantes, il nous serait utile de savoir ce que pense, sur ces questions, le Prince qui représente, pour nous, tout le système et tout l'avenir de la démocratie impériale. Il n'est point sans avoir eu, dans son exil, un écho de nos controverses ; son attention et sa sollicitude ont dû être réveillées par la violence des outrages adressés à quelques-uns de ses plus loyaux serviteurs. Le fils de Napoléon III peut-il rester impassible devant des polémiques qui divisent son parti et passionnent l'opinion publique ? Il n'eut jamais occasion

plus favorable de se prononcer et de nous faire voir
que, s'il n'a pas encore hérité du trône impérial, il est
du moins, dès à présent, en possession de la doctrine
et de l'esprit démocratique sur lesquels ce trône s'est
toujours fondé.

Paris, le 12 mai 1873.

Paris. — Imp. Kugelmann, 12, rue Grange-Batelière.